PRIMEIRAS CONSIDERAÇÕES

Primeiramente, quero agradecer pela confiança depositada em mim e neste eBook. Sei que quando investimos tempo, conhecimento e dinheiro em algo, esperamos um retorno significativo. Espero sinceramente que este eBook atenda às suas necessidades.

Ele foi criado especialmente para empreendedores como você, que estão lutando para fazer seus negócios vingarem e entendem a importância de estar bem posicionado nas redes sociais para aumentar significativamente as vendas através de conteúdos e campanhas que realmente chamem a atenção do seu cliente.

Aqui você aprenderá de forma prática e eficaz como colocar o marketing digital em ação, sem enrolação e truques. Minha missão aqui não é descredibilizar os profissionais de Marketing Digital, mas sim dar a você tempo e condições para decidir monetariamente se deseja ou não contratar um social media ou um gestor de tráfego para fazer suas campanhas.

É importante salientar que contratar um profissional pode ser uma ótima escolha, mas entender como as coisas funcionam pode ajudá-lo a tomar melhores decisões e se preparar financeiramente para investir em marketing digital.

Aproveite cada página deste eBook para colocar em prática, seja nos exercícios práticos ou nas partes em que eu quero que você adquira uma nova forma de pensar sobre seu serviço/produto, seu cliente e sobre você mesmo.

Sem mais delongas, vamos começar!

 Aqui você irá aprender de forma prática e eficaz de como colocar o marketing digital em ação fazendo por você mesmo, sem enrolação, sem truque.

Minha missão aqui não é descredibilizar os profissionais de Marketing Digital mas sim te dar tempo e condição de poder decidir monetariamente se quer ou não contratar um social media ou um gestor de tráfego para fazer suas campanhas; Pois uma coisa é querer contratar e não poder por não ter condições financeiras, outra coisa é poder decidir se quer ou não contratar um profissional da área sabendo que se quiser tem as condições ideais para isso.

O MUNDO MUDOU!

Acorde para a nova realidade! O mundo mudou, e é importante que você esteja ciente disso. Mas não basta apenas reconhecer essa mudança, é preciso agir de acordo com ela.

A Internet e a velocidade da informação não são mais novidade. Os grandes players do mercado já estão pensando em um novo nível de conexão e se você não estiver jogando esse jogo, ficará para trás.

E como isso afeta você? Tudo! Seus estudos, seu conhecimento, suas ideias e relacionamentos com as pessoas, e até mesmo sua conexão com elas. E, é claro, o seu negócio. A maneira como você conduz seus negócios, como propaga suas ideias, crenças, conhecimentos, visão, serviços e produtos.

Não há como empreender da mesma forma como antes. A pandemia acelerou o processo de empreendedorismo digital e, se você ainda estiver preso aos métodos antigos, estará perdendo grandes oportunidades de ver seu negócio prosperar. É hora de se adaptar e abraçar as mudanças.

1 MILHÃO DE EUROS COM SUSHI

"O mundo dos negócios é um lugar onde a concorrência é feroz e implacável. Aqueles que não conseguem se adaptar às mudanças do mercado e às novas tecnologias estão fadados ao fracasso. É por isso que é tão importante ter o mindset certo quando se trata de desenvolver um negócio que leve em conta o marketing digital.

Um exemplo disso é a história de uma consultoria que prestei a um cliente dono de um restaurante de sushi. Esse cliente faturou mais de 1 milhão de euros na época da pandemia, valores totalmente fora do comum para um negócio local em Portugal, mesmo que ainda os deliveries tenham aumentado nessa altura. O cliente tinha uma loja física e também fazia entregas através do delivery. Depois de atender vários tipos de clientes e até mesmo do mesmo nicho, eu percebi que a diferença entre quem faz 1 milhão e quem não faz é a mentalidade.

O cliente que faturou 1 milhão de euros em sushi entendeu que o marketing digital era uma oportunidade de ouro para aumentar seus negócios, mesmo em tempos difíceis.

Ele investiu em estratégias de SEO, mídias sociais, anúncios pagos e outras formas de marketing digital que o ajudaram a alcançar um público maior e aumentar suas vendas. Enquanto isso, seu concorrente continuou a investir em sua loja física e negligenciou o marketing digital - e isso acabou custando caro.

Em contrapartida, outro proprietário de restaurante do mesmo segmento investiu muito na sua loja física, tem um ótimo produto, um ótimo atendimento, mas não se adapta ao mercado digital. Apesar de querer crescer e faturar mais, ele não usa os mesmos recursos que o primeiro exemplo. Qual o resultado? O seu negócio ainda não decolou, está longe de faturar um milhão por ano. Mesmo fazendo entregas por aplicativo, ele não dedica tempo e conhecimento ao que realmente pode trazer escala para ele.

Imagine uma corrida de maratona em que todos os corredores têm as mesmas habilidades físicas e treinamento. O que faz com que alguns cheguem à linha de chegada primeiro? É a mentalidade - aqueles que acreditam em si mesmos e em sua capacidade de vencer, que se mantêm motivados mesmo quando as coisas ficam difíceis, são os que têm mais chances de ganhar.

O mesmo princípio se aplica aos negócios. Aqueles que têm uma mentalidade aberta para novas ideias e tecnologias, especialmente quando se trata de marketing digital, têm mais chances de sucesso nos negócios hoje em dia. É preciso estar disposto a experimentar coisas novas e estar sempre procurando maneiras de melhorar seus resultados.

Você está pronto para usar o marketing digital a seu favor e faturar mais com o seu negócio?"

CAPÍTULO 02

O MINDSET DO EMPREENDEDOR DIGITAL

Antes de avançarmos para a parte prática eu preciso que você tenha o mindset no lugar ideal, que é mindset do empreendedor digital, então "siga me os bons".

Nos meus últimos 5 anos estudando e atendendo clientes de diferentes classes sociais e tamanho de negócio eu percebi que existe 2 tipo de clientes que ainda se classificam como pequenos e médios empreendedores:

1. O Cliente ideal: O cliente ideal é aquele que já tem o seu negócio estabelecido, gera lucro e pensa progressivamente. Ele quer estar cada vez melhor posicionado na internet, seja com conteúdo estratégico ou campanhas de anúncios online para o Google/Facebook/Instagram. Por isso, ele entende o valor e a necessidade do profissional de marketing digital e está disposto a investir o valor necessário para esse serviço. Afinal, dinheiro para ele não é o problema. Esse cliente está disposto a dedicar tempo e energia para comunicar melhor o seu produto/serviço, gerar branding e relacionamento com o seu cliente e, consequentemente, aumentar suas vendas.

2. O Cliente em crise: Esse cliente, infelizmente, se enquadra na maioria dos microempreendedores. Eles estão na fase de estabelecer o negócio, por isso a sua renda é inconstante. Geralmente, ele é a mão de obra do seu estabelecimento. Ele quer crescer, mas vive em constante dificuldade financeira. Quando ele contrata um profissional de marketing digital, ele espera que seja a solução dos seus problemas (o que realmente pode ser). Porém, esse cliente acha que tudo ocorrerá de um dia para o outro, quer resultados rápidos e milagrosos. Esse cliente geralmente acha que número de seguidores significa retorno financeiro imediato, quando na verdade se a audiência não for qualificada de nada adianta ter milhares de seguidores. O que mais acontece é ter influenciadores que vivem à rasca de dinheiro, pois uma coisa é você ter poder de influência, a outra é saber qualificar essa audiência para a sua capacidade de empreender. Sem falar que o "Cliente em crise" tem extrema dificuldade em se adaptar às novidades do mercado e trabalhar em parceria com o gestor de marketing do seu negócio. Ele ainda crê que os modos operantes do old school são suficientes, por isso está tão imerso em ser a mão de obra do seu negócio físico e tem extrema dificuldade de investir tempo e dedicação ao seu negócio online. Geralmente, ele ainda acha que é melhor fazer panfletos por serem físicos do que anúncios online.

Existe também uma terceira classificação que não chega a ser cliente, mas que sempre que é abordado para prospecção ele responde que ele mesmo já posta fotos no seu perfil e já vende online por ter meia dúzia de pessoas interagindo e comprando dele nas redes sociais. Esse tipo de empreendedor não conhece e não sabe o poder da escala através dos anúncios online. Ele pensa que só apertar o botão impulsionar de forma aleatória é o suficiente e logo descredibiliza o trabalho do gestor de redes sociais. Tenho pena dessa pessoa, pois ela possui a mente fixa e permanecerá onde está, no lugar onde ela merece.

Você se identificou com algum dos empreendedores acima? Se ele tem a ver com os dois últimos citados, significa que temos que elevar o seu modo operante e a forma como pensa o seu negócio. A forma que te fez chegar onde está não te levará ao próximo nível se você não se atualizar.

Pensando nisso eu citei aqui em baixo algumas características do empreendedor digital de sucesso, leia com atenção, tire notas, absorva o pensamento e comportamento e coloque em prática no seu dia a dia.

O mindset do empreendedor digital é caracterizado por uma mentalidade orientada para a inovação, a adaptação rápida às mudanças e a busca constante por soluções criativas e escaláveis. Algumas das principais características do mindset do empreendedor digital incluem:

1. Visão de futuro: O empreendedor digital está sempre pensando no longo prazo e buscando identificar tendências e oportunidades que possam se tornar relevantes no futuro.
2. Agilidade: O empreendedor digital é capaz de se adaptar rapidamente às mudanças e tomar decisões em tempo hábil.
3. Resiliência: O empreendedor digital não desiste facilmente diante dos obstáculos e está sempre em busca de soluções para superar os desafios.
4. Foco no cliente: O empreendedor digital está sempre preocupado em entender as necessidades e desejos dos seus clientes e desenvolver soluções que atendam a essas demandas.
5. Mentalidade de experimentação: O empreendedor digital está disposto a testar novas ideias e hipóteses, aprender com os resultados e adaptar suas estratégias de acordo com os feedbacks.
6. Autodisciplina: O empreendedor digital é capaz de manter-se motivado e focado em seus objetivos, mesmo diante de situações de incerteza e pressão.
7. Colaboração: O empreendedor digital reconhece a importância de trabalhar em equipe e estabelecer parcerias para alcançar seus objetivos.

Essas características são fundamentais para o sucesso no ambiente digital, onde as mudanças são constantes e as oportunidades são muitas, mas também há muita concorrência e desafios a serem superados.

O QUE É MARKETING DIGITAL?

Afinal, tanto se fala em Marketing Digital, mas o que é realmente Marketing? Sim, faço essa pergunta pois quero que você compreenda os princípios básicos que fazem a real diferença para o empreendedor que tem sucesso em seu negócio e aquele que vive quase tendo que fechar a portas.

Vamos lá!

Marketing tem como objetivo promover produtos, serviços ou marcas. Embora o marketing digital seja muito falado atualmente, essa prática já existe há muito tempo, desde quando o homem é homem e foi evoluindo desde então.

Com a evolução da internet e dos meios digitais, a propaganda teve que se adaptar e evoluir para alcançar o público de forma mais efetiva. Hoje, é comum ouvir falar sobre marketing de conteúdo, marketing de diferenciação, redes sociais, entre outros. No entanto, muitas vezes esses termos são usados sem um entendimento mais aprofundado do que realmente é marketing.

Na verdade, o marketing é composto por quatro elementos fundamentais: produto, preço, distribuição e promoção. Detalhei esse 4 pilares abaixo para que fique claro para sí sobre o que é realmente cada ponto e como poderá corrigir e aplicar no seu negócio.

Produto: É aquilo que você oferece ao cliente para atender às suas necessidades e desejos. É importante pensar no desenvolvimento de um produto que seja de qualidade, útil e que agregue valor para o cliente.

Preço: É o valor que o cliente irá pagar pelo produto ou serviço que você oferece. É importante considerar fatores como o custo de produção, concorrência e o valor percebido pelo cliente para definir um preço justo e competitivo.

Distribuição: Se refere à forma como o produto chega ao cliente. É importante pensar em uma estratégia que possibilite a entrega rápida e eficiente do produto, considerando fatores como a localização do cliente e os custos envolvidos na distribuição.

Promoçã: É à forma como você divulga o seu produto ou serviço para o público-alvo. É importante desenvolver uma estratégia que alcance o público de forma efetiva, considerando os meios de comunicação utilizados, a mensagem a ser transmitida e o público-alvo.

Quando você entende bem esses pontos, é possível desenvolver estratégias mais efetivas para o seu negócio, desde a concepção do produto ou serviço até a sua divulgação.

No entanto, muitas vezes os empreendedores se preocupam apenas com o preço e a divulgação do produto, esquecendo da importância da qualidade, distribuição adequada e precificação justa. Para ter sucesso no mercado, é importante trabalhar todos os aspectos do marketing de forma integrada e coerente, visando atender às necessidades e desejos do cliente e agregar valor ao negócio.

Marketing Digital continua sendo aquilo que o "MARKETING" realmente é e sempre foi, só que usando os meios digitais para promoção, distribuição de produtos digitais e pra quem usa de maneira inteligente aproveita desse meio para realizar pesquisa, criar produtos e basear sua precificação.... Mas infelizmente a maioria só fica na parte da promoção

A partir de hoje meu caro empreendedor, você não será mais um desses, pois compreendendo o conteúdo desse livro e tomando decisões para colocar em prática esse aprendizado, tenho certeza que você irá ter resultado excecionais e se diferenciar dos demais concorrentes.

VOCÊ FALA PARA QUEM?

Meu caro empreendedor, o seu produto/serviço se comunica com quem?

No terceiro capítulo, vamos aprender sobre a importância de conhecer o público-alvo do seu negócio. Não adianta ter o melhor produto, a melhor foto, o melhor vídeo ou a promoção mais tentadora se você não sabe para quem está se comunicando.

Todo serviço, produto e campanha de marketing precisa ter como foco o público-alvo. Quando você entende quem é seu público e o que eles precisam, o engajamento nas redes sociais e as vendas disparam por simplesmente agora você estar se comunicando com quem realmente você entende e sabe quais são as dores e desejos do seu público.

Mas como identificar quem é seu público-alvo e suas necessidades? Existem várias maneiras mas vocês já sabem que quero facilitar a vida de vocês tornando tudo que está aqui executável do inicio ao fim, sem desculpa, então vou deixar aqui três maneiras práticas para começar hoje a entender e identificar seu público, vamos la!

- **Conversar diretamente com o cliente:** A maneira mais simples e eficaz de entender quem é o seu público-alvo é conversar diretamente com as pessoas que já consomem o seu produto ou serviço. Isso pode ser feito através de perguntas simples, como idade, localização, interesses e necessidades. Através dessa conversa, você pode entender melhor as necessidades e preferências do seu público e ajustar a sua estratégia de marketing em conformidade.

Meu caro empreendedor, o seu produto/serviço se comunica com quem?

No terceiro capítulo, vamos aprender sobre a importância de conhecer o público-alvo do seu negócio. Não adianta ter o melhor produto, a melhor foto, o melhor vídeo ou a promoção mais tentadora se você não sabe para quem está se comunicando.

Todo serviço, produto e campanha de marketing precisa ter como foco o público-alvo. Quando você entende quem é seu público e o que eles precisam, o engajamento nas redes sociais e as vendas disparam por simplesmente agora você estar se comunicando com quem realmente você entende e sabe quais são as dores e desejos do seu público.

Mas como identificar quem é seu público-alvo e suas necessidades? Existem várias maneiras mas vocês já sabem que quero facilitar a vida de vocês tornando tudo que está aqui executável do inicio ao fim, sem desculpa, então vou deixar aqui três maneiras práticas para começar hoje a entender e identificar seu público, vamos la!

- **Conversar diretamente com o cliente:** A maneira mais simples e eficaz de entender quem é o seu público-alvo é conversar diretamente com as pessoas que já consomem o seu produto ou serviço. Isso pode ser feito através de perguntas simples, como idade, localização, interesses e necessidades. Através dessa conversa, você pode entender melhor as necessidades e preferências do seu público e ajustar a sua estratégia de marketing em conformidade.

- **Realizar pesquisas de mercado:** Outra forma de entender o seu público-alvo é através de pesquisas de mercado. Você pode criar questionários como formulários do próprio google e distribuí-los através de redes sociais, e-mail, whatsapp ou até mesmo nas suas lojas físicas. As pesquisas de mercado ajudam a coletar informações mais precisas sobre o seu público, como comportamento de compra, preferências de marca, entre outras informações relevantes.

- **Usar ferramentas de análise de dados:** Por fim, uma terceira forma de entender o seu público-alvo é usando ferramentas de análise de dados. Isso pode ser feito através da análise do seu tráfego do site " há italo mas eu ainda não tenho site", calma! não há crise, existe um gerador de dados que talvez vocês nem estejam dando a devida atenção, as REDES SOCIAIS!

Segue o passo a passo para analisar esses dados agora no seu instagram:

Acesse sua conta no Instagram e vá para seu perfil.

- 1. Clique no ícone de três linhas no canto superior direito da tela e selecione a opção "Estatísticas".
- 2. Na página de estatísticas, você pode ver as informações sobre seus seguidores, publicações, stories e promoções. Escolha a seção que deseja analisar.
- 3. Para analisar os dados de um período específico, clique no menu suspenso no canto superior direito da tela e selecione a opção de tempo desejada.
- 4. Para ver mais detalhes sobre um determinado dado, clique no item que você deseja analisar. Por exemplo, se você quer saber mais sobre seus seguidores, clique em "Seguidores".

- 5. Analise os dados apresentados, como idade, gênero, localização geográfica e horários de atividade. Use essas informações para entender melhor quem são seus seguidores e o que eles gostam.
- 6. Para comparar dados, você pode clicar no botão "Comparar" no canto superior direito da tela e selecionar o período que deseja comparar.
- 7. Use essas informações para ajustar sua estratégia no Instagram. Por exemplo, se você descobrir que seus seguidores estão mais ativos em um determinado horário, agende suas postagens para esse horário para aumentar o engajamento.

Lembre-se que toda informação é válida, use ao seu favor.

CRIE A SUA PERSONA

OK! Já te ensinei a identificar o seu público, fazer pesquisa, analisar dados, saber quais são suas dores e desejos, agora é a hora de criar a persona do seu público.

Com toda essa informação sobre seu público-alvo, você pode usar uma técnica comum de marketing chamada "persona", que é a criação de um perfil fictício que representa seu cliente ideal. Isso ajuda a entender melhor suas necessidades e criar conteúdo que atenda às suas expectativas. Então, é importante conhecer seu público-alvo para garantir o sucesso do seu negócio e alcançar seus objetivos de marketing.

Neste livro, utilizo a persona exemplificada abaixo como forma de comunicação efetiva para atender às suas necessidades de maneira mais assertiva. Por exemplo:

Nome: Carlos
Idade: 32 anos
Profissão: Pequeno empresário
Situação Financeira: Carlos tem um negócio local, mas seu lucro não é suficiente para cobrir todas as suas despesas e ele precisa fazer malabarismos para manter tudo funcionando. Ele tem o desejo de aumentar seus lucros e ter uma vida financeira mais confortável.
Objetivos: Carlos quer alavancar seu negócio usando o marketing digital, para conseguir expandir sua presença online e atrair mais clientes. Ele deseja aprender as técnicas de vendas nas redes sociais e criar uma identidade forte para sua marca.
Desafios: Carlos tem pouco conhecimento sobre marketing digital e não sabe como aplicar as estratégias corretas para aumentar suas vendas. Além disso, ele tem pouco tempo para se dedicar a essas atividades, pois precisa cuidar do dia a dia do seu negócio.

Comportamento online: Carlos utiliza bastante as redes sociais para se comunicar com amigos e familiares, mas ainda não tem uma presença forte na internet para divulgar o seu negócio. Ele gosta de conteúdos que possam ajudá-lo a crescer como empreendedor e está sempre em busca de novas informações e dicas para melhorar seu negócio.

Personalidade: Carlos é uma pessoa determinada e dedicada ao seu negócio. Ele é criativo e está sempre buscando novas ideias para melhorar seu produto e atrair mais clientes.

Entende como eu criei um personagem realista com quem desejo me comunicar, a fim de personalizar meu produto e ajudá-lo de maneira mais eficiente!? Quando Carlos conhece meu produto e minha proposta, ele fica entusiasmado e ansioso para adquiri-lo, pois percebe que atende exatamente suas dores e necessidades.

Com essa persona definida, fica mais simples criar conteúdo, campanhas e abordagens de vendas que sejam relevantes e atrativas para o público-alvo. Assim, consigo me comunicar de forma mais assertiva e aumentar as chances de sucesso em meu negócio.

O exercício deste capítulo é:

crie sua persona.

Pegue um papel ou dê um google busque um formulário de persona ou use o padrão que citei acima e comece a anotar, dê a ela um nome, idade, profissão, classe social, interesses, comportamento, e enriqueça com detalhes para torná-la cada vez mais real e fácil de identificar. Isso ajudará você a entender melhor quem seu produto pode ajudar e a desenvolver campanhas de marketing mais eficientes e personalizadas. Então, mãos à obra e comece a criar sua persona agora mesmo, Lets Go!

SEJA CONSISTENTE

É exatamente nesse ponto que muitas pessoas se frustram, porque o resultado da produção de conteúdo e reconhecimento de marca só vem com consistência. Muitos começam com entusiasmo e já querem ver resultados imediatos, mas esquecem da importância de manter a continuidade e consistência.

Não adianta começar hoje a criar conteúdo e parar daqui a uma ou duas semanas. Um dos pontos mais valorizados pelo algoritmo é a constância na produção de conteúdo. E não, não estou dizendo que você precisa criar conteúdo todos os dias. Mas é importante ser constante, mesmo que seja apenas duas vezes por semana.

Lembre-se de que se você chegou até este capítulo, já tem todas as informações necessárias para aprimorar seu conteúdo, criar campanhas vencedoras e se conectar melhor com seu público. Isso significa que mesmo produzindo apenas dois conteúdos por semana, você estará gerando mais resultados do que se criar conteúdo todos os dias sem interação, o que pode acabar diminuindo a entrega do seu conteúdo.

Para te ajudar a ser constante te apresento a LINHA EDITORIAL!
Linha editorial é a estratégia utilizada para orientar a criação de conteúdo em uma rede social, visando manter a coerência e consistência da marca. A linha editorial é a identidade da marca nas redes sociais e deve ser definida com base nos objetivos da empresa e no público-alvo.

Por exemplo, se a empresa é uma marca de roupas de luxo, a linha editorial pode ser voltada para imagens elegantes e sofisticadas, com a utilização de cores sóbrias e um estilo refinado. Já se a empresa é uma marca de roupas esportivas, a linha editorial pode ser voltada para imagens mais descontraídas e cores vibrantes, com foco em atividades físicas e estilo de vida saudável.

Por exemplo, se a empresa é uma marca de roupas de luxo, a linha editorial pode ser voltada para imagens elegantes e sofisticadas, com a utilização de cores sóbrias e um estilo refinado. Já se a empresa é uma marca de roupas esportivas, a linha editorial pode ser voltada para imagens mais descontraídas e cores vibrantes, com foco em atividades físicas e estilo de vida saudável.

Por exemplo, se a empresa é uma marca de roupas de luxo, a linha editorial pode ser voltada para imagens elegantes e sofisticadas, com a utilização de cores sóbrias e um estilo refinado.

Já se a empresa é uma marca de roupas esportivas, a linha editorial pode ser voltada para imagens mais descontraídas e cores vibrantes, com foco em atividades físicas e estilo de vida saudável.

Por exemplo, se a empresa é uma marca de roupas de luxo, a linha editorial pode ser voltada para imagens elegantes e sofisticadas, com a utilização de cores sóbrias e um estilo refinado. Já se a empresa é uma marca de roupas esportivas, a linha editorial pode ser voltada para imagens mais descontraídas e cores vibrantes, com foco em atividades físicas e estilo de vida saudável.

Por exemplo, se a empresa é uma marca de roupas de luxo, a linha editorial pode ser voltada para imagens elegantes e sofisticadas, com a utilização de cores sóbrias e um estilo refinado. Já se a empresa é uma marca de roupas esportivas, a linha editorial pode ser voltada para imagens mais descontraídas e cores vibrantes, com foco em atividades físicas e estilo de vida saudável.

Além disso, a linha editorial pode incluir tópicos específicos a serem abordados em cada postagem, como dicas de moda, informações sobre novas coleções, estilo de vida e entretenimento.

É importante que a linha editorial seja seguida de forma consistente para que a marca tenha uma identidade reconhecida e fortalecida pelos seguidores nas redes sociais.

Como criar uma linha editorial:

- Conheça seu público-alvo: antes de criar qualquer conteúdo, é essencial conhecer quem é o seu público, quais são seus interesses, dores, necessidades e desejos. Você pode coletar essas informações através de pesquisas, feedbacks, análise de métricas, entre outros. (Já falamos sobre isso)

- Defina seus objetivos: o que você deseja alcançar com suas redes sociais? Aumentar o engajamento, gerar leads, vender mais produtos ou serviços? É importante ter objetivos claros para poder criar uma linha editorial que os atenda.

- Escolha seus temas: com base no seu público-alvo e objetivos, defina quais são os temas relevantes para sua marca e que geram interesse em seus seguidores. Por exemplo, se você vende produtos de beleza, pode criar conteúdo sobre cuidados com a pele, maquiagem, penteados, entre outros.

- Determine o tom de voz: o tom de voz da sua marca é a maneira como ela se comunica com o público. É importante definir se a comunicação será formal, informal, divertida, educativa, entre outras opções. Isso irá impactar na forma como seu público irá se conectar com a sua marca

- Estabeleça um calendário editorial: após definir os temas, é hora de criar um calendário editorial com datas e horários para a publicação do conteúdo. É importante lembrar de variar os tipos de conteúdo, como imagens, vídeos, textos e outros formatos.

- Acompanhe os resultados: por fim, é essencial monitorar o desempenho da sua linha editorial através das métricas de redes sociais. Analise o engajamento, alcance, conversões e outros dados relevantes para saber se a estratégia está dando resultados e, se necessário, fazer ajustes.

Exemplo: Para uma clínica de estética, a linha editorial poderia ser focada em conteúdos relacionados à saúde e beleza, com uma abordagem mais educativa e informativa. Alguns temas que poderiam ser explorados na linha editorial são:

- Determine o tom de voz: o tom de voz da sua marca é a maneira como ela se comunica com o público. É importante definir se a comunicação será formal, informal, divertida, educativa, entre outras opções. Isso irá impactar na forma como seu público irá se conectar com a sua marca

- Estabeleça um calendário editorial: após definir os temas, é hora de criar um calendário editorial com datas e horários para a publicação do conteúdo. É importante lembrar de variar os tipos de conteúdo, como imagens, vídeos, textos e outros formatos.

- Acompanhe os resultados: por fim, é essencial monitorar o desempenho da sua linha editorial através das métricas de redes sociais. Analise o engajamento, alcance, conversões e outros dados relevantes para saber se a estratégia está dando resultados e, se necessário, fazer ajustes.

Exemplo: Para uma clínica de estética, a linha editorial poderia ser focada em conteúdos relacionados à saúde e beleza, com uma abordagem mais educativa e informativa. Alguns temas que poderiam ser explorados na linha editorial são:

- Dicas de cuidados com a pele e cabelo;

- Benefícios de tratamentos estéticos específicos;

- Alimentação saudável e sua relação com a beleza;

- Depoimentos de pacientes que tiveram resultados positivos com os tratamentos da clínica;

- Novidades e tendências na área de estética.

Além disso, a clínica poderia definir um tom de voz mais leve e descontraído, para criar uma conexão maior com o público. É importante lembrar que a linha editorial deve ser adaptada de acordo com o perfil do público-alvo da clínica, levando em consideração suas necessidades, interesses e estilo de vida.

Pronto! As desculpas para não fazer o seu negócio voar através da internet estão se acabando, acredite cada passo a passo que estou lhe passando aqui é geralmente o usado por um bom gestor de marketing, todo esse conhecimento se aplicado fara que você sai a frente do seu concorrente e se diferencie dos demais.

- Dicas de cuidados com a pele e cabelo;

- Benefícios de tratamentos estéticos específicos;

- Alimentação saudável e sua relação com a beleza;

- Depoimentos de pacientes que tiveram resultados positivos com os tratamentos da clínica;

- Novidades e tendências na área de estética.

Além disso, a clínica poderia definir um tom de voz mais leve e descontraído, para criar uma conexão maior com o público. É importante lembrar que a linha editorial deve ser adaptada de acordo com o perfil do público-alvo da clínica, levando em consideração suas necessidades, interesses e estilo de vida.

Pronto! As desculpas para não fazer o seu negócio voar através da internet estão se acabando, acredite cada passo a passo que estou lhe passando aqui é geralmente o usado por um bom gestor de marketing, todo esse conhecimento se aplicado fara que você sai a frente do seu concorrente e se diferencie dos demais.

NECESSIDADE OU DESEJO ?

Como se posicionar? Na plataforma de "NECESSIDADE" ou na de "DESEJO"? Você sabe a diferença e em quais plataformas eles se aplicam?

A pergunta levantada é bastante relevante no mundo do marketing digital. A plataforma de necessidade se refere aos produtos ou serviços que são essenciais para a vida cotidiana, como alimentação, moradia e transporte.

Já a plataforma de desejo se refere aos produtos ou serviços que não são essenciais, mas que podem ser desejados, como roupas de grife, viagens luxuosas e eletrônicos de última geração.

Você sabe identificar quais são essas redes?

As redes de necessidade são aquelas em que os usuários têm uma intenção clara de buscar informações ou solucionar um problema, ele tem uma necessidade e então faz uma pesquisa com o intuito de atender aquela necessidade, e é pra isso que serve o Google/Youtube. Nesses canais, as pessoas estão em busca de respostas para suas perguntas ou de soluções para suas necessidades, o que torna o momento propício para empresas que oferecem produtos ou serviços relevantes aparecerem como resultado de busca.

Já as redes de desejo são aquelas em que as pessoas buscam entretenimento, inspiração e desejam adquirir produtos e serviços. São exemplos de redes de desejo o Instagram, o Facebook, TikTok e o Pinterest.

Nesses sites, os usuários estão abertos a descobrir novas marcas e produtos, sendo importante para as empresas apresentarem conteúdos visualmente atrativos e que se conectem com as aspirações e interesses de seu público-alvo.

Observe o exemplo abaixo de como diferentes redes podem influenciar o nosso consumo:

Exemplo 01: Imagine que agora você está com fome, já são 9 da noite e você está descansando no sofá após um dia cheio. De repente, você sente um desejo por algo gostoso para comer. E aí, como se o Instagram pudesse ler a sua mente, aparece um anúncio de um delicioso hambúrguer com queijo cheddar derretido e bacon crocante em um vídeo super apetitoso. E ainda por cima, há uma oferta tentadora de um combo com batatas fritas e coca-cola por um preço incrível. Abaixo da imagem, a mensagem convida: "Peça já o seu". Não tem como resistir, né?

Esse é um exemplo de como a rede de desejo funciona. Ela capta a sua atenção visual primeira, prende você com um texto persuasivo e oferece uma oportunidade imperdível para adquirir o produto desejado.

Exemplo 02: Imagine que você esteja procurando uma boa hamburgueria na sua cidade e decide fazer uma pesquisa no Google. Você começa digitando termos como "melhores hamburguerias perto de mim" ou "hamburguerias com boas avaliações". A partir daí, o Google exibe uma lista de opções de hamburguerias próximas a você, com informações como endereço, horário de funcionamento e avaliações de outros clientes.

Você pode ler as avaliações para ver o que outros clientes pensam da qualidade dos hambúrgueres, do atendimento e do ambiente da hamburgueria. Com essas informações, você pode decidir qual hamburgueria visitar para ter uma experiência gastronômica satisfatória.

Assim funciona a rede de pesquisa, ela oferece informações e opções para o consumidor, que busca por soluções para seus problemas ou necessidades específicas.

A estratégia aqui é aparecer nas primeiras posições dos resultados de busca com conteúdo relevante e de qualidade, que possa atrair a atenção do consumidor e influenciar sua decisão de compra. Você pode ler as avaliações para ver o que outros clientes pensam da qualidade dos hambúrgueres, do atendimento e do ambiente da hamburgueria.

Com essas informações, você pode decidir qual hamburgueria visitar para ter uma experiência gastronômica satisfatória.

Assim funciona a rede de pesquisa, ela oferece informações e opções para o consumidor, que busca por soluções para seus problemas ou necessidades específicas.

A estratégia aqui é aparecer nas primeiras posições dos resultados de busca com conteúdo relevante e de qualidade, que possa atrair a atenção do consumidor e influenciar sua decisão de compra

Interessante como nos comportamos em uma decisão de compra num é verdade ?!

Entender o movimento dessas duas plataformas não significar ter que investir apenas em uma, mas sim como tirar o melhor das duas plataformas e tomar decisões mais inteligentes na hora de criar a campanha de vendas do seu negócio.

O exercício desse capitulo é: Defina sua linha editorial, entenda o comportamento de quem compra o seu produto/serviço e identifique se ele teria maior saída através de rede de pesquisa ou de rede de desejo, mas lembre-se sempre que você pode tirar o melhor dos dois, um complementa o outro, esteja bem posicionado com o google meu negócio e seu site caso tenha, e gere bastante desejo através das redes sociais.

O FORMATO

CAPÍTULO 07

Mesmo com todas as informações sobre público-alvo, dor e desejo, e linha editorial, muitas pessoas ainda ficam perdidas na hora de criar conteúdo para as redes sociais. É comum se perguntar se devemos postar uma foto, fazer um vídeo, ou qual tipo de stories criar.

É fácil se sentir sobrecarregado com tantas opções disponíveis, mas a boa notícia é que existem maneiras de descobrir quais formatos funcionam melhor para o seu público.

Além das informações sobre público-alvo e como criar uma linha editorial linha editorial, é importante testar diferentes tipos de conteúdo, como fotos, vídeos, carrosséis, stories e reels.

Analise as métricas para ver qual formato gera mais engajamento, salvamentos de postagem e entrega orgânica
.
É importante lembrar que cada formato de conteúdo tem um propósito específico, se você não a intenção de cada formato de nada adianta sair postando aleatoriamente.

Lembre-se:" Quem não sabe para onde vai, qualquer caminho serve". Só que a gente não quer qualquer caminho porque sabemos realmente o que queremos: gerar marca, crescer no digital, crescer como empresa, vender mais e claro, não ter que pensar mais em fechar o seu negócio por falta de lucro.

É por isso que vou detalhar pra você cada formato para que você saiba usar de maneira correta os seus planejamentos de conteúdos.

Os 4 Formatos:

1.Stories: O objetivo do Stories é se conectar mais com o seu público já engajado, ou seja, aqueles que te seguem, não perdem uma postagem sua, comentam e curtem seus conteúdos. Através do Stories, você pode mostrar os bastidores do seu dia a dia ou do seu negócio, exibir a realidade, a vida em si acontecendo... Além disso, há vários recursos de interação para que você possa conhecer cada vez mais seu público. Você pode usar as caixinhas de perguntas, enquetes, interações de toques e afins para obter informações sobre seus seguidores e, a partir daí, melhorar sua oferta, produto ou serviço. O mais interessante dos Stories é que eles mostram o lado humano do seu negócio, permitindo que o público se conecte mais com seu conteúdo.

2.Post Estático: O Post Estático é uma foto ou uma imagem única. Nele, pode haver uma copy com uma chamada para legenda. Normalmente, esse formato é distribuído para um público morno, que já conhece você e pode ou não ter se envolvido com seu conteúdo. Imagine o seguinte cenário: você está viajando, tira uma foto legal e resolve postar no seu feed. Sua vontade é que seja o post mais visto e com mais reações de likes e comentários, mas para isso, o conteúdo precisa ser distribuído pelo Instagram de forma orgânica. Quando você posta uma foto, o algoritmo pensa: "Olha uma foto, vamos entregá-la para as pessoas que gostam de ver e reagir a esse tipo de conteúdo dele, que geralmente são seus amigos mais próximos nas redes ou aquelas pessoas que se envolvem em tudo que você publica". Com muita sorte e interação, esse tipo de formato pode ir para o "explorar" e, assim, atrair novos seguidores.

3. Carrossel: O Carrossel é aquele formato em que você pode postar até 10 flip ou páginas em apenas 1 post. É um tipo de conteúdo muito útil para desenvolver um assunto de forma dinâmica, atraindo atenção através de imagens e copy. Um Carrossel bem feito gera muito compartilhamento e salvamento, o que aumenta a entrega do seu conteúdo para seus seguidores e não seguidores através da aba "explorar". Acredite, existem vários perfis, principalmente os educativos, que cresceram muito de forma orgânica apenas com carrosséis poderosos em informação e conteúdo educativo.

4. Reels: Os Reels são o queridinho dos criadores de conteúdo, dos estrategistas digitais, dos perfis de negócio e de qualquer um que queira crescer seu perfil de forma orgânica, distribuindo seu conteúdo para novos seguidores. O Instagram percebeu o crescimento do TikTok com seus vídeos curtos e virais e rapidamente aplicou o mesmo formato de conteúdo em sua plataforma. Na corrida por atenção, o TikTok e o Reels usam esse formato para distribuir para o máximo de pessoas possível. Mas como fazer para seu Reel ganhar milhares de visualizações ou até mesmo viralizar? O algoritimo leva em conta um bom reel analisando os seguintes fatores : Tempo em que a pessoa permanece no vídeo, reação como likes, comentários e compartilhas, áudios originais e vídeo salvos. Dedicarei uma página somente para explicar alguns desses fatores

3 Tipos de Reels que geram muito alcance para o público frio (público não seguidor):

#1 Áudio Original: Existem duas formas eficazes para usar o Reel com áudio original. A primeira é criando um áudio viral, seja um áudio motivador ou que chame a atenção para algo, ou mesmo como uma trilha para usar em outros tipos de reel com conteúdos diferentes. A segunda forma é o áudio de narração, este tipo de áudio é ótimo para narrar um método, um exercício, um acontecimento ou mesmo contar uma história. Você pode usar esse tipo de áudio para narrar um dia de trabalho ou um serviço sendo praticado naquele exato momento. Além disso, é importante ter uma copy forte que chame atenção logo na primeira frase. Esse formato ajuda muito no impulsionamento dos reels.

#2 Áudio em Alta: Certa vez, alguém comentou que para ter muitas visualizações em um vídeo, basta pegar uma música ou um áudio em alta e colocar no seu reel. A verdade é que, sim, vai ajudar bastante que seu conteúdo seja impulsionado, mas lembre-se do que foi dito sobre o tempo que a pessoa passa no seu vídeo lá em cima. É com isso que você deve se preocupar: chamar a atenção e prender a atenção no seu conteúdo. Se você fundir essa técnica com um áudio em alta, seu reel pode explodir.

#3 Trend: Trend é a "moda do momento", aquilo que todos estão replicando e que realmente pode dar muito certo para o conteúdo do seu negócio. Aproveitar as tendências para se comunicar com o seu nicho com intuito de vender e aumentar as suas redes sociais é uma sacada prática e eficaz em que você deve sim aproveitar para testar de forma estratégica.

Exercício que deixo nesse capitulo é: Busque ainda hoje referencias de conteúdo e o formato que deseja desenvolver e separe um tempo para decidir qual é o formato que mais combina com a sua forma de comunicar o seu negócio e faça testes, testes e teste, teste muito

DESEJA VENDER MAIS, MAS MÃO USA ANÚNCIO ONLINE.

É Surpreendente como ainda existem mico empreendedores que não percebem o poder do digital nos negócios. E quando digo micro, me refiro a pessoas que ainda não pensam grande o suficiente para entender a importância do Marketing Digital. E isso não é para menos, afinal, quem já está à frente no mercado sabe como o MKD pode transformar uma empresa.

Enquanto isso, muitos ainda acreditam que estar presente nas redes sociais é suficiente para alavancar seu negócio. Mas a verdade é que plataformas como o Facebook e Instagram são apenas meios para atingir um objetivo maior: atrair e fidelizar clientes. E, para isso, é necessário investir em estratégias efetivas que gerem resultados.

É importante lembrar que o Facebook, por exemplo, é uma empresa que busca lucro. Seu objetivo é obter o máximo de receita possível, e é por isso que ele oferece a possibilidade de impulsionar postagens, anúncios e investir em tráfego pago. Mas não basta apenas jogar dinheiro em campanhas aleatórias. É preciso entender o jogo e saber como atrair o cliente ideal em um curto espaço de tempo.

Investir em tráfego pago pode ser a solução mais viável para encontrar o público certo e aumentar as vendas. Mas é preciso saber como criar campanhas eficazes, segmentar o público-alvo, definir objetivos claros e monitorar os resultados para fazer ajustes necessários.

Em resumo, para ter sucesso no mundo digital é necessário ir além de postagens aleatórias e estar presente nas redes sociais. É preciso entender o funcionamento do jogo e investir de forma inteligente para atrair o cliente ideal e aumentar as vendas. E para isso, é fundamental estar atualizado e buscar conhecimento constante, e se você chegou até aqui, significa que você está atrás desse conhecimento e decidido a criar novos resultados para o seu negócio.

E sim, você agora sabe mais do que 80% da população, e pode sim falar que entende dos mecanismo do MKD, e é com tudo que te ensinei até aqui que vamos para a parte prática de criar funis de vendas usando anúncios online, de forma simples e objetiva para que só com essa informação, você mesmo consiga obter seu primeiros resultados de escala.

Vamos ao próximo capítulo !

CRIANDO SEUS PRIMEIROS ANÚNCIOS

EPrimeiramente, quero desmistificar a ideia de que anunciar é caro. Na verdade, não é. Claro, quanto mais você investir, maior será a possibilidade de um grande retorno, mas até mesmo para aumentar o valor do investimento, existe uma forma correta de fazer isso. Não se trata apenas de colocar dinheiro e pronto.

Gostaria que você levasse em consideração que, para começar a anunciar no Instagram/Facebook, é necessário apenas 1€ por dia. No caso do Brasil, seria equivalente a 5/6 reais, com base na cotação do dólar. Com esse investimento mínimo e de acordo com o objetivo do anúncio que você definir, você pode alcançar até mil pessoas diariamente, gastando o mínimo possível.

Existem duas maneiras de anunciar no Facebook/Instagram: de forma simples, funcional e compreensível para qualquer pessoa que queira anunciar nas redes sociais, e de maneira profissional, onde é possível analisar de forma mais profunda as campanhas, aplicar estratégias mais eficientes e aumentar o número de conversões. É assim que eu trabalho.

No entanto, lembre-se de que o objetivo deste eBook é ser prático e aplicável. Se eu fosse ensinar todas as funções dos anúncios aqui, seria necessário um programa de mentoria completo, que você terá acesso ao final da leitura deste eBook.

Agora, o que vou te ensinar é algo que você conseguirá fazer com o seu celular mesmo, apenas seguindo o passo a passo da criação de conteúdo e aplicando o passo a passo para anúncios através do Instagram.

Vamos lá!

Vou considerar que você já cria conteúdo, divulga seus produtos/serviços e começou a aplicar todo o conhecimento deste eBook, mas agora precisa alcançar mais pessoas de forma inteligente para começar a vender mais.

A estratégia é a seguinte:

Quero que você analise qual foi o seu melhor conteúdo, aquele em que as pessoas mais se envolveram, comentando e curtindo sua publicação. Mas lembre-se de que esse conteúdo precisa estar relacionado ao seu negócio. Pegue esse conteúdo e turbine/impulsione-o, seguindo as regras para impulsionamento.

- Selecione o objetivo "Visita na Página".
- Classifique a idade do público que você deseja atingir, por exemplo: de 25 a 45 anos.
- Determine se o público que se interessa pelo seu negócio é composto por homens, mulheres ou ambos.
- Se o seu negócio é físico e possui uma área de atendimento, coloque o raio de alcance do anúncio dentro dessa área (o objetivo aqui é se tornar conhecido ao redor do seu negócio).

- Se você estiver anunciando a até no máximo, 6km (se você for uma negócio local), com o objetivo visita na página, não coloque "Interesse".
- Defina o orçamento e a quantidade de dias em que o anúncio será veiculado (aconselho nunca menos de 7 dias, pois é o tempo que o Facebook precisa para aprender sobre quem é seu público interessado).
- Finalize o anúncio e em algumas horas ele estará ativo.

O objetivo aqui não é vender imediatamente, mas sim se fazer conhecido, aumentar o número de seguidores e encontrar pessoas interessadas no seu negócio. Acredite, o Facebook trabalha com inteligência artificial que fará o possível para encontrar as pessoas que têm interesse no seu conteúdo ou negócio.

Ao impulsionar seu melhor conteúdo, você estará alcançando um público mais amplo e segmentado, permitindo que mais pessoas conheçam sua marca e se envolvam com o que você tem a oferecer. A plataforma do Facebook possui algoritmos inteligentes que analisam o comportamento do usuário, suas preferências e interações para direcionar seu anúncio para as pessoas certas.
Essa estratégia visa construir relacionamentos com potenciais clientes, criar uma base sólida de seguidores engajados e aumentar o reconhecimento da sua marca.

CAPÍTULO 10

À medida que sua presença online se expande, você estará criando uma comunidade em torno do seu negócio, gerando confiança e interesse genuíno.

Lembre-se de que o Facebook oferece diversas ferramentas e recursos para otimizar seus anúncios e alcançar resultados ainda melhores. É importante analisar os dados e métricas disponíveis, ajustar suas estratégias com base nos resultados obtidos e continuar testando e refinando sua abordagem.

Então, aproveite as oportunidades oferecidas pelo impulsionamento de conteúdo no Facebook/Instagram e descubra como alcançar um público mais amplo, engajar seguidores e expandir seu negócio de forma inteligente. Combinando uma estratégia eficaz e o conhecimento adquirido neste eBook, você estará no caminho certo para impulsionar seu sucesso no mundo digital.

O segundo passo da estratégia é fazer as pessoas te enviar mensagem, seja para o seu Instagram ou WhatsApp. Agora vamos ser mais objetivos, lembrando que você já está com uma campanha de aumento de seguidores, trazendo mais visibilidade e conhecimento do seu negócio. Agora queremos sim vender de forma clara e objetiva.

Seja qual for o seu negócio, eu quero que você crie uma oferta irresistível. A oferta precisa ser realmente tentadora, com um copy (texto) irresistível, fazendo o seu provável cliente sentir desejo ou necessidade de te enviar uma mensagem para adquirir seu produto ou serviço.

Então, aqui está o que você vai fazer: pegue o seu melhor conteúdo ou peça a alguém que lhe ajude com uma foto ou vídeo do seu produto, ou um design para o seu serviço

Você irá postar esse conteúdo no seu Instagram e, após 24 horas, você irá impulsioná-lo novamente, mas desta vez com o objetivo de mensagem, utilizando as mesmas definições acima (só que agora é de suma importância colocar o raio de alcance somente para área de atendimento). Agora, se o seu produto for muito específico, você pode atribuir interesses na configuração do seu anúncio.

É interessante observar que o Instagram, após a primeira palavra de interesse que você coloca, dará sugestões relevantes. Certifique-se de selecionar interesses que realmente estejam relacionados ao seu produto/serviço.

Defina no objetivo de mensagem se você deseja receber a mensagem no seu WhatsApp ou Instagram. Se escolher o WhatsApp, você terá que cadastrar o seu número. Não se preocupe, pois é um processo fácil e intuitivo. Depois disso, siga o restante do passo a passo como indicado anteriormente e comece a anunciar. Prepare-se para ver a mágica acontecer!

Lembre-se de acompanhar o desempenho da sua campanha, responder prontamente às mensagens recebidas e ajustar suas estratégias conforme necessário. Com uma oferta tentadora e uma comunicação eficaz, você estará pronto para vender mais de forma clara e objetiva.

Você irá postar esse conteúdo no seu Instagram e, após 24 horas, você irá impulsioná-lo novamente, mas desta vez com o objetivo de mensagem, utilizando as mesmas definições acima (só que agora é de suma importância colocar o raio de alcance somente para área de atendimento). Agora, se o seu produto for muito específico, você pode atribuir interesses na configuração do seu anúncio.

É interessante observar que o Instagram, após a primeira palavra de interesse que você coloca, dará sugestões relevantes. Certifique-se de selecionar interesses que realmente estejam relacionados ao seu produto/serviço.

Defina no objetivo de mensagem se você deseja receber a mensagem no seu WhatsApp ou Instagram. Se escolher o WhatsApp, você terá que cadastrar o seu número. Não se preocupe, pois é um processo fácil e intuitivo. Depois disso, siga o restante do passo a passo como indicado anteriormente e comece a anunciar. Prepare-se para ver a mágica acontecer!

Lembre-se de acompanhar o desempenho da sua campanha, responder prontamente às mensagens recebidas e ajustar suas estratégias conforme necessário. Com uma oferta tentadora e uma comunicação eficaz, você estará pronto para vender mais de forma clara e objetiva.

Considerações Finais

Enfim, chegamos aos finalmentes. Eu poderia te encher de estratégias e informações, mas desde o início, quis ser claro e objetivo ao dizer que a ideia aqui era ensinar a você a ter o mindset correto para os negócios digitais, além de te mostrar os mecanismos e como pensar no marketing da sua empresa, e claro, fazer você dar os primeiros passos.

Por isso, eu te incentivo mais uma vez a colocar todo esse conteúdo em prática e mensurar os seus resultados. Tenho certeza de que isso trará um novo sentido e vontade de alçar voos maiores.

Quero deixar também uma mensagem de esperança. Apesar de ser para todos, nem todos vivem essa jornada do empreendedorismo. Eu acredito fielmente que o poder de empreender tem a ver com o nosso propósito na Terra, desde que seja feito de maneira genuína, conectada ao servir as pessoas, seja por meio do seu produto, serviço ou conhecimento.

Meu desejo aqui é cumprir essa missão de servir, transmitindo um pouco de conhecimento. Minha missão também é te incentivar a criar novos resultados para você e o seu negócio. Não desista de si mesmo e nem daquilo que tem preparado para si. Não há como vencer quem não desiste.

Lembre-se: "O trabalhador usa as mãos. O empreendedor usa a cabeça. O investidor usa o bolso. Qual deles é você?"

A forma como você pensa e conduz a sua vida e o seu negócio determina os seus resultados.

Como eu sempre gosto de entregar mais do que eu prometo eu tenho um bónus pra ti que chegou até o final desse ebook.

Bônus: Quero deixar aqui para você a oportunidade de uma consultoria de 45 minutos comigo via Zoom, onde iremos analisar o seu negócio e traçar uma estratégia vencedora para a sua empresa. Basta clicar no link abaixo e me enviar uma mensagem:
[https://cutt.ly/MarcarConsultoriaGratuita]

Acredito no seu potencial e estou aqui para te apoiar nessa jornada. Sucesso e bons negócios!

Se ainda não me segue, comece a seguir agora rs :
https://www.instagram.com/eusouitaloferreira/

Não deixe de partilhar comigo o teu feedback seja me marcando nos seus stories ou me mandando uma mensagem através de um dos links acima.

Mais uma vez obrigado pela a confiança e sucesso nos negócios e na vida.

"FAÇA VOCÊ MESMO O MARKETING DO SEU NEGÓCIO"

POR: ÍTALO FERREIA

www.ingramcontent.com/pod-product-compliance
Lightning Source LLC
Chambersburg PA
CBHW072021230526
45479CB00008B/311